Inhalt

Corporate Health - Gesundheitsmanagement wird als Teil der Personalstrategie zunehmend wichtig

Kernthesen

Beitrag

Fallbeispiele

Weiterführende Literatur

Impressum

Corporate Health - Gesundheitsmanagemen wird als Teil der Personalstrategie zunehmend wichtig

Harald Reil

Kernthesen

- Von 2006 bis 2012 haben die Krankmeldungen in deutschen Unternehmen um 23,9 Prozent zugenommen. Die Fehltage aufgrund psychischer Leiden stiegen um sechs Prozent an.
- Angesichts dieser Zahlen liegt es auf der Hand, dass strategisches Gesundheitsmanagement ein Gebot der

Stunde ist, wenn die Firmen ihre Konkurrenzfähigkeit erhalten wollen.
- Während viele Großunternehmen in Deutschland auf diesem Weg schon weit fortgeschritten sind, besteht bei kleinen und mittleren Unternehmen noch Nachholbedarf.
- Indessen stehen die Player auf dem Gesundheitsmarkt schon in den Startlöchern, um den Unternehmen bei der Umsetzung ihrer Gesundheitsoffensiven zu helfen.
- Auch der Corporate Health Award, der seit fünf Jahren an die "gesündesten Unternehmen" Deutschlands verliehen wird, zeigt die steigende Bedeutung der betrieblichen Gesundheitsförderung.

Beitrag

Arbeitnehmer in Deutschland werden immer häufiger krank

Welche Bedeutung das Gesundheitsmanagement in Unternehmen für die strategische Personalarbeit bereits gewonnen hat, zeigt die Tatsache, dass

Europas Personalfachmesse Nummer eins, die "Zukunft Personal", ihre Schwerpunkte unter anderem auch um das Thema betriebliche Gesundheitsförderung erweitert hat. Auch auf der A+A, eine Fachmesse für Sicherheit und Gesundheit bei der Arbeit, die vor wenigen Tagen in Düsseldorf stattgefunden hat, stand das Thema Corporate Health im Zentrum der Aufmerksamkeit. Ein Wunder ist das nicht, wird doch künftig der Erhalt der Konkurrenzfähigkeit der deutschen Wirtschaft im entscheidenden Maß auch von der Schaffenskraft ihrer Mitarbeiter abhängen. Um diese ist es zurzeit nicht gerade zum Besten bestellt, was der "Gesundheitsreport 2013", den die Techniker-Krankenkasse veröffentlicht hat, belegt. Seit dem Jahr 2006 melden sich Arbeitnehmer in Deutschland zunehmend häufig krank. Von 2006 bis 2012 sind die Zahlen um 23,9 Prozent gestiegen. Vor allem die Fehltage, die auf psychische Erkrankungen zurückzuführen sind, machen nachdenklich. Sie nahmen innerhalb der genannten Zeitspanne um sechs Prozent zu. (1), (2), (9)

KMU hinken in punkto Gesundheitsmanagement noch hinterher

Während jedoch alle DAX-Konzerne mittlerweile bereits ein Gesundheitsmanagement verankert und auch die Mehrzahl der 500 größten Unternehmen in Deutschland Maßnahmen entwickelt haben, um die Schaffenskraft ihrer Mitarbeiter zu erhalten, hat der Mittelstand in dieser Beziehung noch gewaltig Nachholbedarf. Zurzeit liegt die Zahl der KMU, die sich strategisches Gesundheitsmanagement auf die Fahnen geschrieben haben, noch bei unter fünf Prozent. Bedenklich ist das insofern, als über 99 Prozent der Firmen in Deutschland den kleinen und mittleren Unternehmen zuzurechnen sind. Die Antworten für die Gründe des mangelnden Engagements lassen sich folgendermaßen zusammenfassen: Einige Firmen haben die Notwendigkeit noch nicht eingesehen, andere scheuen die Kosten oder haben schlichtweg das Personal nicht dafür, wieder anderen fehlt ganz einfach das Wissen, wie sich die betriebliche Gesundheitsförderung innerhalb des eigenen Betriebs aufbauen lässt. (3)

Corporate Health ist gerade für KMU ein Gebot der Stunde

Dass dieser Aufbau aber gerade für KMU ein Gebot der Stunde ist, zeigen zwei Studien, die die Tüv Süd Life Service GmbH in den Jahren 2009 und 2010 veröffentlicht hat. Ähnlich wie die bereits weiter oben zitierte Untersuchung der Techniker-Krankenkasse kommen auch diese Erhebungen zu dem Schluss, dass die Fehltage aufgrund zunehmender psychischer Belastungen der Arbeitnehmer während der letzten Jahre zugenommen haben; die Verantwortlichen der Studie ziehen daraus aber dezidiert für die KMU den Schluss, dass sich diese Ausfälle gerade für kleine und mittlere Unternehmen geschäftsschädigend auswirken können. Wer seine Angestellten durch selbstherrliche Führung und miserable Arbeitsbedingungen vergrault und in den Krankenstand treibt, muss sich nicht wundern, wenn es auch mit seinen Geschäften abwärts geht. Selbstreflexion der Führungsspitze und der strategische Aufbau einer betrieblichen Gesundheitsförderung sollte daher schon aus Eigeninteresse eine zunehmend bedeutende Rolle spielen. (3)

Trends

Einfache wirtschaftliche Gleichung

Der systematische Aufbau eines betrieblichen

Gesundheitsmanagements ist angesichts der Zunahme krankheitsbedingter Ausfälle und des demografischen Wandels in Deutschland unabdingbar. Die KMU werden es den Großunternehmen daher sicherlich bald nachmachen und in eine strategische Gesundheitsförderung investieren, denn zumindest haben sie bereites eingesehen, dass sie notwendig ist. Im Grunde handelt es sich um eine einfache wirtschaftliche Gleichung: Wenn die Krankheitsfälle dazu führen, dass Unternehmen Umsatzeinbrüche zu verzeichnen haben, die die Kosten für gesundheitserhaltende Maßnahmen übersteigen, wird die Führungsspitze zum Handeln gezwungen sein. (4)

Gesundheit aus dem Netz

Da den Unternehmen langsam dämmert, dass am betrieblichen Gesundheitsmanagement auf Dauer wohl kein Weg vorbeiführt, wollen sie die Arbeitskraft ihrer Mitarbeiter erhalten. In Zukunft wird sich sicherlich noch mehr, als das schon jetzt der Fall ist, eine ganze Industrie etablieren, die aus diesem Trend Kapital schlagen möchte. Es wird daher nicht nur immer mehr Spezialisten geben, die sich vor Ort um die Erhaltung der Schaffenskraft von Angestellten und Mitarbeitern kümmern, auch das Angebot von Gesundheits-Apps mit entsprechenden kostenpflichtigen Angeboten wird vermutlich drastisch zunehmen. (6)

Fallbeispiele

Ferring GmbH betreibt systematisches Gesundheitsmanagement

Die in Kiel ansässige Ferring GmbH hat ihr betriebliches Gesundheitsmanagement, das zuerst aus einer Vielzahl unverbundener Einzelaktionen bestanden hatte und daher nur wenig effizient gewesen war, im Rahmen eines Vier-Phasen-Projekts systematisiert. In Phase eins analysierten die Projektteilnehmer die Schwachstellen und Möglichkeiten auf der Grundlage der aktuellen und künftigen Personalstruktur. In der zweiten Phase stand das sogenannte Gesundheitsmanagement-Audit im Mittelpunkt. Die Projektmitarbeiter katalogisierten unter anderem die Anforderungen an die Mitarbeiter und die Führungskräfte bis hin zur Geschäftsführung und setzten diese zum Beispiel in Relation zu Altersstruktur und Krankenquote. In der folgenden Phase definierten sie die Ziele des Gesundheitsmanagements und entwickelten dafür eine Umsetzungsstrategie. In der letzten Phase konkretisierten sie die Aktionen, die zur Realisierung des Plans notwendig waren und legten die Verantwortlichkeiten sowie einen Zeitplan fest. (4)

Corporate Health Award für die "gesündesten Unternehmen"

Dass dem betrieblichen Gesundheitsmanagement ein immer höherer Stellenwert zukommt, zeigt auch die Tatsache, dass das Handelsblatt, der Tüv Süd und die EuPD Sustainable Management GmbH vor fünf Jahren einen Corporate Health Award ins Leben gerufen haben, der den "gesündesten Unternehmen" Deutschlands überreicht wird. Die nächste Preisverleihung findet am 20. November in Frankfurt statt und ist der Höhepunkt einer Veranstaltung, bei der neben Case Studies zur effizienten Bekämpfung stressinduzierter psychischer Probleme auch Motivationsstrategien vorgestellt werden, wie sich Gesundheitsmanagement wirkungsvoll in Unternehmen integrieren lässt. Workshops zu ausgewogener Ernährung und dem richtigen Umgang mit Stress runden das Programm ab. (6)

Tognums vorbildliches

Gesundheitsmanagement

Im vergangenen Jahr wurde als einer der Preisträger des "Corporate Health Awards" die in Friedrichshafen ansässige Tognum AG ausgezeichnet. Nach Meinung der Juroren setzt der Hersteller von Antriebssystemen und Energieanlagen sein Gesundheitskonzept vorbildlich für seine Mitarbeiter um. Das Angebot umfasst zum Beispiel spezielle Gesundheitstage, an denen die Mitarbeiter sich drei Tage frei nehmen dürfen, um ihre Ess-, Lebens-, und Arbeitsgewohnheiten zu hinterfragen und gegebenenfalls zu verbessern, Nichtraucher-Workshops, Ernährungstipps, Übungen zur Stärkung des Rückens, Vorsorgeuntersuchungen zur Darmkrebsfrüherkennung und einen Diabetes-Check. Arbeitszeitmodelle, die die Bedürfnisse von Familien berücksichtigen, Heimarbeitsplätze sowie Betreuungsangebote für Kinder während der Ferienzeiten vervollständigen das wegweisende Tognum-Engagement. Das Konzept, das an allen Standorten des Unternehmens fest implementiert ist, firmiert unter dem Namen "Langfristige Individuelle Förderung der Eigenverantwortung" - oder kurz auch einfach LIFE genannt. (7)

Gesundheits-Apps erobern den

Markt

Die in Mannheim ansässige vitaliberty GmbH ist einer der Key Player im deutschen Gesundheitsmarkt. Die rund 40 Köpfe zählende Firma arbeitet eng mit Health-&-Wellness-Experten, Sportwissenschaftlern und Fachleuten aus der Telekommunikationsbranche zusammen, um Apps zu entwickeln, die Unternehmen für ihr betriebliches Gesundheitsmanagement einsetzen können. Schwerpunkte sind ein Stress-Balance-Programm sowie neue Ernährungs-, Schlaf- und Rücken-Balance-Programme. Dass das Thema "Gesunde Belegschaft" nicht nur ein deutsches Phänomen ist, sondern sich auch international steigender Beliebtheit zu erfreuen scheint, wird von der Tatsache unterstützt, dass vitaliberty sich nicht nur auf Deutsch und Englisch, sondern bald auch auf Französisch und Italienisch präsentiert. Bis zu zehn weitere Sprachen sollen während der nächsten Monate hinzukommen. (5)

Anlaufstellen für KMU

Für KMU, die sich für betriebliches Gesundheitsmanagement interessieren, gibt es eine Reihe von Anlaufstellen, bei denen sie sich mit Informationsmaterial versorgen können. Dazu gehören zum Beispiel das Demographienetzwerk (www.demographie-netzwerk.de), die Bundesanstalt für Arbeitsschutz und Arbeitsmedizin (www.baua.de) oder die Initiative Neue Qualität der Arbeit (www.inqa.de). (8)

Weiterführende Literatur

(1) Messespecial - Zukunft Personal 2013
aus Arbeit und Arbeitsrecht, Heft 09/2013, S. 526-531

(2) Betriebliches Gesundheitsmanagement
aus CIO - IT-Strategie für Manager, Meldung vom 01.08.2013

(3) Klein, aber fein - BGM im Mittelstand
aus Personalmagazin, Heft 02/2012, S. 56

(4) Konzepte statt Einzelaktionen
aus Personalmagazin, Heft 11/2012, S. 48

(5) Aller guten Dinge sind drei
aus Behörden Spiegel Heft 10/2013

(6) Workshops für mehr Gesundheit im Betrieb
aus Personalmagazin, Heft 10/2013, S. 8

(7) Auszeichnung für Tognum/
aus Südkurier vom 29.12.2012, Seite 32

(8) Das gesunde Unternehmen - BZ-Gastbeitrag: Vorsorge für den Mitarbeiter

aus Badische Zeitung vom 14.09.2013, Seite 15

(9) Auf der Fachmesse A+A steht die Belegschaft im Mittelpunkt Die Arbeit wird zum Jungbrunnen
aus Industrieanzeiger, Heft 27, 2013, S. 58

Impressum

Corporate Health - Gesundheitsmanagement wird als Teil der Personalstrategie zunehmend wichtig

Bibliografische Information der deutschen Nationalbibliothek

Die Deutsche Nationalbibliothek verzeichnet diese Publikation in der deutschen Nationalbibliografie; detaillierte bibliografische Daten sind im Internet über http://dnb.d-nb.de abrufbar.

ISBN: 978-3-7379-1305-8

© 2015 GBI-Genios Deutsche Wirtschaftsdatenbank GmbH, Freischützstraße 96, 81927 München, www.genios.de

Alle Rechte vorbehalten. Dieses Werk ist einschließlich aller seiner Teile – z.B. Texte, Tabellen und Grafiken - urheberrechtlich geschützt. Jede Verwertung außerhalb der Grenzen des Urheberrechtsgesetzes bedarf der vorherigen Zustimmung des Verlags. Dies gilt insbesondere auch für auszugsweise Nachdrucke, fotomechanische Vervielfältigungen (Fotokopie/Mikroskopie), Übersetzungen, Auswertungen durch Datenbanken oder ähnliche Einrichtungen und die Einspeicherung und Verarbeitung in elektronischen Systemen.